RAPPORT

Fait au Conseil de Guerre nommé par S. Ex. M. le Maréchal Comte GOUVION-SAINT-CYR, *Ministre Sécrétaire-d'Etat de la Guerre, pour juger M. le Maréchal* NEY, *le* 10 *Novembre* 1815, *par le Maréchal-de-Camp Comte* GRUNDLER, *Rapporteur.*

MESSIEURS,

LA patrie en deuil voit entrer aujourd'hui avec douleur dans le temple de la Justice, et se placer au rang des accusés un de ses défenseurs naguères bien glorieusement distingué. Funeste résultat de nos dissentions domestiques ! Fatale erreur, qui livre au glaive des lois celui qui devait en être le plus ferme appui ! . . .

Dans les temps de révolutions, les crimes, ou les fautes qu'elles font commettre, ne sont pas toujours punis avec impartialité et justice ; vous donnerez, Messieurs, ce bel exemple d'un Tribunal militaire délibérant avec calme au milieu de l'effervescence de toutes les passions sur le sort d'un illustre prévenu. La France, l'Europe entière nous observent, nous n'avons cédé à aucune influence étrangère à nos devoirs, nous sortirons de cette enceinte avec le sentiment d'une conscience irréprochable, et sans redouter leur jugement ni celui de la postérité.

Vous avez vu, Messieurs, par la lecture qui vient de vous être faite des pièces de la procédure, que M. le Maréchal Ney a décliné la compétence de tout conseil de guerre pour le juger, et que ce n'est que par égard pour MM. les Maréchaux de France et MM. les Lieutenans-Généraux qui composent celui devant lequel il est traduit, qu'il a consenti à nous reconnaître comme Rapporteur, et à répondre aux questions que nous lui avons adressées en cette qualité. Vous avez également remarqué que Madame la Maréchale Ney a présenté une requête au Roi pour revendiquer le titre de Pair du Maréchal, et le privilége qu'il prétend avoir d'être jugé en cette qualité par la Chambre des Pairs, conformément à l'art. 34 de la Charte constitutionnelle. Les défenseurs de l'accusé invoquent en outre l'art. 33 de cette Loi fondamentale, pour lui assurer également le droit d'être jugé par les Pairs, attendu, disent-ils, qu'aux termes de cet article, il n'appartient qu'à eux de connaître des crimes de haute trahison, et des attentats à la sûreté de l'Etat.

Le déclinatoire vient de vous être réitéré en séance, et vous impose l'obligation de suspendre les débats pour examiner et juger votre compétence, ainsi que le prescrivent les lettres de leurs Ex. Ex. les Ministres Sécrétaires-d'Etat de la Justice et de la Guerre, en date du 7 de ce mois.

Lorsque S. Ex. M. le Maréchal Jourdan, Président du Conseil de guerre, nous désigna pour remplir les fonctions de Rapporteur, nous ne nous attendions point à être chargé d'éclairer la religion du Tribunal sur une question aussi importante et aussi compliquée que celle qui lui est soumise en ce moment; mais les devoirs qui nous ont été imposés nous ayant obligés de nous occuper de ce travail, nous allons chercher à jeter quelques lumières sur cette question de juridiction.

Jusqu'à présent la compétence du Conseil de guerre chargé de juger M. le Maréchal Ney, n'a été traitée qu'en ce qui concerne la Pairie et son titre de Maréchal de France; nous donnerons plus d'extension à l'examen de cette question. Nous traiterons d'abord de la Pairie et des droits que M. le Maréchal Ney peut avoir à être jugé par la Chambre des Pairs, ensuite des Maréchaux de France considérés comme Grands-Officiers de la Couronne et comme Généraux en chef, et des prérogatives qui leur ont été accordées, tant par les Rois de France, que par le Gouvernement qui les a rétablis pendant la révolution. Après avoir examiné, si on a pu, à défaut de loi existante, former un Conseil de guerre par analogie à celle du 4 Fructidor an V (21 Août 1797) nous discuterons deux autres questions que nous croyons dignes de fixer l'attention du Conseil, celle de la rédaction du Jugement à intervenir, suivant les formules prescrites par l'arrêté du 8 Frimaire an VI (28 novembre 1797) et celle de la révision.

Nous déduirons des ordonnances du Roi des 6 Mars, 24 Juillet et 2 Août derniers, tout ce qui peut établir la compétence d'un Conseil de guerre, pour juger M. le Maréchal Ney ; enfin, résumant les différens points de la discussion, nous ferons connaître au Conseil ce qui peut, d'après les lois et les ordonnances, motiver la compétence ou l'incompétence.

Les historiens et les publicistes nous montrent l'institution de la Pairie presqu'aussi ancienne que la Monarchie, et sa juridiction certaine et déterminée avant et après l'établissement des Parlemens.

Ce fut plus particulièrement sous Charles-le-Chauve que la Pairie devint héréditaire ; les troubles qui suivirent la mort de ce Prince achevèrent la révolution qui rendit les titres et les offices héréditaires et patrimoniaux.

Sous Hugues Capet, le nombre des Pairs était fixé à douze, six Laïcs et six Prélats ; ils étaient égaux et en fonctions et en dignités, et juges les uns des autres sur le fondement de l'égalité qui régnait entr'eux. Voyons maintenant depuis quand, en quelle forme et dans quelle matière ils ont établi leur juridiction de Pairie.

Sous Philippe I.er, les Pairs formaient, sous la Présidence du Roi, une Cour seule compétente pour connaître des causes féodales, tant réelles que personnelles, d'un Pair de France.

En 1217, Manassès, Evêque d'Orléans, ayant parlé en termes peu respectueux d'un Jugement rendu par la Cour des Pairs, à l'égard de la femme d'Erard de Brienne, qui se prétendait héritière du Comté de Champagne, Philippe-Auguste prévint le Pape Honoré III que ce Prélat serait puni de sa témérité, et lui ferait réparation : la juridiction des Pairs de France étant un point de droit public de ce Royaume.

Philippe V fit expédier en 1317 des lettres-patentes portant qu'un Pair de France ne reconnaissait que le Roi et les Pairs pour juges compétens de son état et honneur, et qui déterminaient la forme en laquelle une accusation devait être produite pour être reçue contre un Pair de France.

Nous pourrions citer ici plusieurs actes qui prouvent que la Cour des Pairs a été long-temps distincte de celle du Parlement.

Par un édit de Louis XI, du mois de Septembre 1461, les Pairs furent créés Officiers de la Cour du Parlement et partie intégrante de ce corps, quoique depuis Philippe De Valois ils jouissaient déjà du droit d'y avoir entrée, séance et voix délibérative, comme Conseillers nés du Roi en tous ses Conseils, et non comme appartenans primitivement à cette Cour.

Dans plusieurs circonstances très-importantes, et notamment à la reprise du procès du Comte De Montfort, relatif au Duché de Bretagne, et lors du procès du Roi de Navarre, Pair de France, comme Duc de Nemours, les Pairs ont défendu avec le plus grand succès leur juridiction.

Les six anciennes Pairies laïques s'étant successivement éteintes par l'extinction des mâles, nos Rois en ont créé de nouvelles pour les remplacer.

Philippe-le-Bel en créa trois en 1297, et quelques années après, il érigea la Baronnie de Bourbon en Duché-Pairie, en faveur de son oncle Louis De Bourbon.

Philippe De Valois fit la troisième création de Pairie en 1344, et la quatrième fut faite par le Roi Jean en 1360. A cette époque, le nombre des Pairs était encore fixé à douze, tant laïcs qu'ecclésiastiques ; par la suite, les Rois en augmentèrent le nombre indéfiniment.

De tous les exemples que l'on peut tirer de l'histoire de France comme ayant quelque rapport à la question qui nous occupe en ce moment, il nous semble que le procès du Maréchal De Biron, Duc et Pair de France, accusé en 1602 du crime de lèze-majesté et de haute trahison, est un de ceux qui prouve le mieux le respect de nos Rois pour la juridiction des Pairs. Parmi les nombreuses pièces de ce procès célèbre, nous avons remarqué :

1.° Une commission donnée par Henri IV au Parlement de Paris, le 17 Juin 1602, pour faire le procès au Maréchal De Biron ;

2.° Une commission du Roi, du 18 du même mois, à M. le premier Président De Harlay, au Président Pottier, aux sieurs De Thurin et De Fleury, Conseillers en la Cour, pour instruire et mettre en état de juger le procès criminel de ce Maréchal ;

3.° Enfin une lettre-patente du Roi au Parlement de Paris, du 3 Juillet suivant, tendant à ce que, au jugement du Maréchal De Biron, Duc et Pair, les formalités requises aux procès des Pairs soient strictement observées. Nous transcrirons ici ces lettres-patentes en entier.

« Henry, par la grace de Dieu Roi de France et de
« Navarre, à nos amés et féaux Conseillers, les gens
« tenant notre Cour du Parlement de Paris. Nous
« vous avons ci-devant ordonné de faire et par-
« faire le procès extraordinaire au Duc De Biron,

« Pair de France, sur les conspiration et entre-
« prises dont il est prévenu, et d'autant que, par
« la qualité de Pair dont l'avons honoré, jugeons
« être convenable que les Pairs de France qui
« commodément pourront se trouver en ce juge-
« ment, y assistent; vous mandons et ordonnons
« de suivre, pour ce regard, l'ordre qui de tous
« temps et d'ancienneté a été observé. Mandons
« aussi et enjoignons à notre Procureur Général
« de faire en cela toutes les poursuites et requisi-
« tions nécessaires. Si n'y faites faute; car tel
« est notre plaisir, etc.

« A Fontainebleau, le 3 Juillet 1602, signé
« HENRY. »

Les intentions bienveillantes du Roi ne furent point remplies, aucun Pair ne s'étant présenté pour assister à ce Procès; la Cour du Parlement n'en prononça pas moins la condamnation à mort qui fut exécutée le 31 Juillet suivant.

Par un édit de 1711, les Pairs modernes ont été déclarés Représentans des anciens Pairs.

Après avoir établi, d'après l'autorité de l'histoire et les actes de nos Rois, la juridiction de la Chambre des Pairs sur chacun de ses membres, voyons jusqu'à quel point M. le Maréchal Ney peut être fondé à la réclamer pour lui.

Les Pairs forment dans l'Etat une classe séparée, donc ils doivent être jugés dans une forme différente ; la loi d'ailleurs le veut ainsi. La Pairie rend les Pairs égaux entr'eux dans l'ordre politique, elle leur impose des fonctions égales à remplir, des services égaux à rendre à l'Etat et au Souverain, et des devoirs réciproques ; c'est pour cela qu'elle les établit juges les uns des autres : ici l'ordre judiciaire est une conséquence immédiate et nécessaire de l'ordre politique.

L'idée d'une Pairie emporte nécessairement celle de l'existence d'une juridiction ; ainsi donc, le Roi en rétablissant la Pairie héréditaire dans l'ordre politique, a dû rétablir en même temps, dans l'ordre judiciaire, la juridiction des Pairs qui, dès leur origine, était un de leurs plus beaux priviléges, et qui a été consacré de nouveau par l'art. 34 de la Charte constitutionnelle.

On a prétendu qu'un prévenu devait être jugé dans le grade ou suivant la qualité qu'il avait au moment de son arrestation, et on en conclut que M. le Maréchal Ney ayant cessé d'être Pair de France par le fait seul de l'acceptation de la Pairie de Buonaparte, n'a plus aucun droit à être jugé par la Chambre des Pairs. Cette opinion nous paraît hasardée ; car la loi déterminant toujours les Tribunaux devant lesquels les grands fonctionnaires de l'Etat ou les simples citoyens doivent être traduits, on ne peut raisonnablement supposer qu'un prévenu perde les avantages qui lui sont assurés par la loi à l'instant où il se rend coupable d'un délit. Tout le temps qui s'écoule entre le délit et le compte que la justice en demande à celui qui l'a commis, disparaît aux yeux des Juges, et le prévenu est replacé par l'accusation même au point où il était quand il l'a provoquée.

Oui, M. le Maréchal Ney a cessé d'être Pair de France le jour où il a accepté une distinction illégale, incompatible avec la dignité constitutionnelle dont son Roi l'avait investi; mais le 14 Mars il n'était pas encore question d'une nouvelle Chambre des Pairs, le Maréchal jouissait donc alors dans toute sa plénitude de son titre de Pair de France et des prérogatives qui y sont attachées par la Constitution. Qu'a-t-il pu être depuis le 14 Mars jusqu'au 2 Juin, époque de la nomination des Pairs par Buonaparte, si ce n'est ce qu'il était la veille du jour où il a manqué à ce qu'il devait à Sa Majesté? Ce raisonnement nous paraît d'autant mieux fondé que le Roi a cru devoir rendre, le 24 Juillet dernier, une Ordonnance pour priver le Maréchal, Duc d'Elchingen, du titre de Pair de France. Le considérant de cette Ordonnance exprime positivement que « *L'acceptation de fonctions incompatibles avec la di-* « *gnité dont on est revêtu suppose et entraîne la dé-* « *mission de cette dignité.*

« La loi ne dispose que pour l'avenir, elle n'a

« point d'effet rétroactif, dit l'art. 2 du Code ci-« vil. » Or, il est évident d'après cela que l'acceptation de la Pairie impériale considérée comme démission, et l'Ordonnance du 24 Juillet, ne pouvant avoir d'effet rétroactif, le Maréchal Ney n'a pu cesser d'être Pair de France que le 2 Juin.

Il paraît si vrai qu'un prévenu doit toujours être jugé suivant le grade ou la qualité qu'il avait au moment où il a commis son délit, que nous voyons souvent des militaires rentrés depuis long-temps dans la classe des citoyens, arrêtés et poursuivis comme militaires pour des délits commis par eux dans un temps où ils faisaient partie de l'armée, et dont la connaissance est attribuée aux Conseils de guerre.

Nous savons que l'on cite à ce sujet le procès de Fouquet, Surintendant des finances, jugé par une Chambre de justice créée par un édit de Louis XIV, et non par le Parlement de Paris, quoiqu'il possédât la charge de Procureur Géneral de cette Cour à l'époque où il avait commis les malversations pour lesquelles il fut recherché. Sans parler ici des changemens qui se sont opérés dans notre législation depuis cette époque, nous demanderons à tout homme de bonne foi si l'on peut comparer une charge qui pouvait s'acheter ou se vendre à volonté, avec la dignité de Pair de France, qui d'abord fut donnée à vie par le Roi, que Sa Majesté vient de rendre héréditaire, et qui n'a encore été conférée que comme la récompense d'éminens services rendus à l'Etat ou au Prince? Les priviléges de la charge de Procureur Général du Parlement de Paris, que Fouquet avait achetée, cessaient pour lui le jour où il trouvait à propos de la vendre, ou d'en faire la remise au Roi. Il est vrai qu'il révendiqua toujours la juridiction du Parlement de Paris, mais ce fut moins par rapport au titre de Procureur Général qu'il avait possédé, que comme ayant acquis le titre de vétéran par vingt-cinq années consécutives d'exercice dans différens offices de cette Cour souveraine.

S'il restait encore des doutes, Messieurs, sur l'application des art. 33 et 34 de la Charte constitutionnelle à M. le Maréchal Ney, nous n'aurions plus qu'à vous citer l'opinion émise, il y a quelques jours, dans la Chambre des Pairs sur la juridiction des Tribunaux, par ce Magistrat courageux qui, après avoir honoré sa vie par la défense de son Roi, répand chaque jour la lumière dans les discussions du premier corps de l'Etat. « Un abus conduit à un autre, disait M. « Desèze ; c'est le premier sur-tout qu'il faut pré- « venir. Une de nos plus précieuses maximes, « celle qui tient le plus à nos libertés, celle qui « protège le plus nos droits, c'est que l'ordre des

« juridictions ne puisse pas être interverti ; le Roi « lui-même a renouvellé cette maxime fondamen- « tale, il l'a consacrée dans sa Charte, elle forme « la disposition de l'art. 62 ; il faut donc s'y tenir « sévèrement, et ne jamais souffrir qu'on y porte « la moindre atteinte ; car votre facilité à cet égard « deviendrait exemple, et votre exemple serait « bientôt devenu la règle. »

Et quand on lit dans le préambule de l'Ordonnance du Roi, du 6 Septembre dernier, qui renvoie M. De la Vallette devant ses Juges naturels, ces mots : « Et voulant conserver à nos sujets les « droits que leur assurent les art. 62 et 63 de la « Charte constitutionnelle, etc. » Comment ne pas reconnaître, comment ne pas bénir cette sollicitude et cette inépuisable bonté d'un Prince dont tous les jours sont marqués par des bienfaits ou des actes de justice qui sont les premiers bienfaits d'un Roi, ce respect religieux pour les institutions qu'il a données à la France, et qui, comme il l'a dit lui-même, seront un jour son plus beau titre de gloire aux yeux de la postérité ; ainsi, puisque la justice du Roi a garanti à M. De la Vallette la jouissance de tous les droits que lui assurent les art. précités de la Charte, M. le Maréchal Ney peut bien aussi se croire fondé à réclamer pour lui l'exécution de ceux qui lui sont favorables.

En reconnaissant donc : 1.° Que M. le Maréchal Ney était Pair de France au moment où il a commis le délit pour lequel il est mis en jugement ;

2.° Qu'un prévenu doit toujours être jugé dans le grade ou suivant la qualité qu'il avait au moment où il a commis son délit ;

3.° Enfin, qu'il n'appartient qu'à la Chambre des Pairs de connaître des crimes de haute trahison et des attentats à la sûreté de l'Etat, ne peut-on pas conclure que la Chambre des Pairs est seule compétente pour juger le Maréchal Ney, soit en sa qualité de Pair, soit par la nature du délit dont il est accusé ?

Nous venons d'envisager M. le Maréchal Ney comme Pair, nous allons maintenant le considérer comme Maréchal.

En voyant M. le Maréchal Ney traduit à un Conseil de guerre, on se demande si le titre de Maréchal de France est une grande dignité de la Couronne, ou seulement un grade militaire ; ou si ces deux qualités se trouvent réunies dans ce titre, et s'il y a lieu d'appliquer à celui qui en est revêtu les dispositions de la loi du 4 Fructidor an V, (21 Août 1797) portant création des Conseils de guerre chargés de juger les Généraux d'armée prévenus des délits spécifiés au Code pénal militaire ou dans les Ordonnances du Roi ?

Ce sera encore par des citations historiques sur l'origine et les attributions des Maréchaux de France, et en rapportant les principaux Jugemens rendus contre quelques-uns d'eux, que nous allons examiner la juridiction des Tribunaux qui peuvent être chargés de les juger.

On sait que le titre de Maréchal, depuis longtemps révéré des guerriers, ne désignait autrefois qu'un Officier des écuries du Roi, qui était subordonné au Connétable, comme les Ecuyers ordinaires le sont maintenant au Grand-Ecuyer.

Cette dignité devint militaire en même temps que celle de Connétable, et, sous Philippe-Auguste qui institua les Maréchaux de France, leurs fonctions étaient de mener l'avant-garde au combat. Nos anciens Preux donnaient aussi ce titre au Chevalier qui présidait en champ-clos, ou qui était nommé juge d'un tournois. Durant les croisades, les Chevaliers de Saint-Jean et ceux du Temple honoraient de cette qualification le Général qui les conduisait à l'ennemi.

Les Maréchaux suivirent pour les honneurs la fortune du Connétable, c'est-à-dire qu'ils s'illustrèrent à mesure que la charge de Connétable devint plus considérable ; ils étaient ses collatéraux et coadjuteurs, et ce n'est que depuis que nos Rois ont supprimé l'office de Connétable, ou l'ont laissé vacant, que les Maréchaux ont eu la première autorité à la guerre. Devenus, par la succession des temps et par l'importance de leur charge, Grands-Officiers de la Couronne, Louis VIII régla qu'ils devaient, en cette qualité, se trouver aux procès des Pairs, conjointement avec les autres Pairs du Royaume ; et, par des lettres patentes expédiées en 1577, Henri III ordonna que « Les Grands-Officiers de la Couronne ne pour« raient être précédés par aucun des Pairs nou« vellement créés. »

On remarque, dans les procès-verbaux des lits de justice, que les Maréchaux de France qui y accompagnaient le Roi, prenaient toujours séance sur le même banc que les Pairs.

Anciennement cette dignité n'était point à vie, et le Roi pouvait l'ôter quand il le jugeait à propos ; on en voit la preuve dans les lettres que Philippe De Valois écrivit à Bernard De Moreuil, Maréchal de France, que ce Prince avait choisi pour être Gouverneur de son fils Jean. Ce Maréchal se fit un peu presser pour accepter ces fonctions, parce qu'il fallait se dépouiller de l'office de Maréchal de France : cependant il le fit.

Jusqu'à François I.er, la dignité de Maréchal de France ne fut ainsi qu'une commission ou un office amovible ; mais ce Prince créa Gaspard De Coligny-Châtillon, Maréchal de France à vie, le 15 Décembre 1516, à condition que la charge de celui des trois Maréchaux suivans qui mourrait le premier, demeurerait éteinte et supprimée. Depuis, cette dignité a toujours été donnée à vie.

Henri II est le premier de nos Rois qui ait qualifié de Cousin les Maréchaux de France.

Henri III, par l'art. 270 de son Ordonnance rendue aux Etats de Blois, réduisit les offices des Maréchaux de France à quatre, dont deux pour demeurer auprès de sa personne, et deux autres pour faire des tournées dans les provinces. Autrefois ils prêtaient serment entre les mains du Roi et au Parlement, ils étaient les juges du point d'honneur, tenaient le siége de la Connétablie et Maréchaussée de France, ils avaient des Prévôts ou Lieutenans dans les provinces, qui exerçaient leur juridiction sur les vagabongs et gens sans aveu, sur les voleurs de grands chemins, les incendiaires et les assassins.

Une Ordonnance du Roi, du 18 Mars 1776, porte que les dix-huit Gouvernemens généraux de provinces, qui ne seraient point accordés à des Princes du sang, ne pourraient l'être qu'à des Maréchaux de France.

On trouve ce qui suit dans l'Encyclopédie, à l'article des Maréchaux de France : « La dignité « de Maréchal de France est du nombre de celles « qu'on appelle charges de la Couronne ; on le « voit dans un acte rapporté par le Père An-

« selme, où il est dit : *En l'arrêt du Duc d'Or-*
« *léans, du* 25 *Janvier* 1361, *est narré que les Of-*
« *fices des Maréchaux de France appartiennent à*
« *la Couronne, et l'exercice auxdits Maréchaux qui*
« *en font au Roi foi et hommage.* Le Maréchal de
« France est le premier Officier des troupes de
« France ; sa fonction principale est de comman-
« der les armées. »

Nous ajouterons à cela ce que dit Du Bouchel dans sa bibliothèque du Droit français : « Que la
« principale et la plus spéciale institution de
« MM. les Maréchaux de France fut pour le mi-
« litaire et le fait des armes, mais qu'elle ne fut
« pas limitée à cette seule partie de la puissance
« publique ; MM. les Maréchaux de France,
« ajoute-t-il, furent encore chargés de pourvoir
« à la justice et à la police du Royaume, etc. »

Nous pourrions citer encore ici le recueil des Ordonnances du Louvre, dans lequel on trouve des lettres-patentes où le droit de faire grace, émané du Souverain et des Maréchaux, se trouve placé sur la même ligne.

D'après tout ce que nous venons de rapporter, il est constant que MM. les Maréchaux de France doivent être considérés comme Grands Officiers de la Couronne, que le droit de commander les armées en temps de guerre n'était qu'une partie de leurs attributions, et qu'avant nos troubles civils, ils en avaient d'autres non moins importantes, dont le ressort s'étendait également à la paix et à la guerre.

Nous nous bornerons, Messieurs, à rapporter ici des exemples de jugemens rendus contre des Maréchaux de France.

Le 22 Novembre 1630, le Maréchal De Marillac fût arrêté au camp de Fellizzo, en Piémont, où il commandait les troupes françaises, et conduit à Paris, où son procès lui fut fait par vingt-trois Juges nommés *ad hoc* par le Roi dans le Parlement de Dijon, qui le condamnèrent deux ans après (le 8 mai 1632) à avoir la tête tranchée, comme convaincu d'avoir mal usé de son autorité en opprimant les sujets du Roi, et en empêchant l'effet des bonnes intentions de S. M. pour ses peuples.

Le Maréchal De Marillac, en récusant les Juges-Commissaires nommés par le Roi, ne se reconnut justiciable que du Parlement de Paris; il fonda son déclinatoire sur le titre de Maréchal de France dont il étoit revêtu, et sur le danger qu'il y auroit pour un accusé d'être livré à la discrétion d'un Tribunal nommé *ad hoc,* que l'on pourrait composer de ses ennemis.

On voit, par des lettres de la Reine mère, écrites de Bruxelles au Roi régnant, qu'elle désaprouvait la composition du Tribunal chargé de juger le Maréchal de Marillac : Sa Majesté regardait comme un des priviléges de la charge de Maréchal de France d'être jugé par le Parlement de Paris.

S. A. R. Monsieur, frère du Roi, écrivit aussi à ce sujet des lettres très-fortes aux Juges-commissaires ; ce Prince regardait la commission chargée de juger le Maréchal De Marillac comme instituée contre toutes les formes et au préjudice de tous les priviléges des charges relevées de l'Etat.

Dans la même année 1632, le Maréchal De Montmorency, Duc et Pair de France, ayant soulevé le Languedoc contre l'autorité du Roi, s'engagea témérairement dans un combat, près Castelnaudary, contre M. le Maréchal De Schomberg, commandant les troupes de Sa Majesté ; blessé de deux coups de feu, il fut fait prisonnier le 1.er septembre, et conduit à Toulouse où, par ordre du Roi, le Parlement de cette ville lui ayant fait son procès, le condamna, comme criminel de lèze-majesté, à perdre la tête ; ce qui fut exécuté dans la maison-de-ville, le 30 octobre suivant.

Le Maréchal de Montmorency déclina également la compétence du Parlement de Toulouse pour le juger, et ne se reconnut justiciable que de la Cour des Pairs ; mais se trouvant trop coupable envers le Roi pour résister à ses ordres, il demanda acte de ses réserves, et se soumit avec résignation à son sort.

Ces deux exemples, auxquels on aurait pu en ajouter d'autres, prouvent que, sous nos Rois; même pour des délits militaires, les Maréchaux de France n'étaient point jugés comme de simples Généraux par des Tribunaux militaires.

Il n'existe aujourd'hui aucun des Maréchaux de France nommés sous les règnes de Louis XV et de Louis XVI; ce n'est que par un Sénatus-consulte organique, en date du 28 floréal an XII (18 mai 1804) que Buonaparte a rétabli la dignité de Maréchal. Avant cette époque, le commandement en chef des armées était confié à des Généraux de division qui recevaient du Gouvernement une commission temporaire, et ce n'est que depuis lors qu'on a revu des Maréchaux à la tête des armées françaises. Leur nombre fut d'abord porté à quatoze, indépendamment des quatre Sénateurs auxquels on conféra ce titre *ad honores*. Par ledit Sénatus-consulte, les Maréchaux furent créés Grands-Officiers de l'empire, et leur place déclarée inamovible; l'article 101 de ce Sénatus-consulte les rendit justiciables d'une haute-Cour.

Nous ne voulons pas inférer du Sénatus-consulte que nous venons de citer, qu'on doive aujourd'hui le prendre pour règle de conduite, et tout en convenant que MM. les Maréchaux de France, reconnus par le Roi et adoptés par lui, n'ont aucun droit à jouir des priviléges qui leur ont été concédés par le Gouvernement qui les créa, nous les croyons bien fondés cependant à revendiquer les droits et les prérogatives accordés à leurs devanciers par les Rois de France jusqu'à nos jours.

Si, comme nous l'avons trouvé dans tous les auteurs que nous avons consultés, MM. les Maréchaux de France ne se reconnurent jamais justiciables que du Parlement de Paris, aujourd'hui que la Chambre des Pairs est investie constitutionellement du droit de connaître des crimes de haute trahison et des attentats à la sûreté de l'Etat, il nous semble que les Maréchaux, même ceux qui ne sont pas Pairs, sont fondés à réclamer le privilége d'être jugés par cette Chambre comme Grands-Officiers de la couronne ? Mais, dira-t-on, le Maréchal Ney n'était-il pas Général en chef au moment où il a commis le délit pour lequel il est mis en jugement ? pourquoi ne serait-il pas comme tel justiciable d'un conseil de guerre ? En admettant cette supposition toute entière, nous irons même plus loin, nous supposerons encore qu'il n'a jamais été Pair de France, et que, seulement Maréchal, il est traduit à un conseil de guerre, il restera toujours à prouver que la dignité de Maréchal de France n'est qu'un grade militaire, et non une grande charge de la couronne ; mais où trouvera-t-on la loi ou l'ordonnance du Roi qui assimile les Maréchaux de France aux Généraux en chef des armées, et les rend, comme tels, justiciables des conseils de guerre créés par la loi du 4 fructidor an V (21 août 1797)?

Vous le savez, Messieurs, les militaires se plaignent depuis long-temps que la législation à laquelle ils sont soumis est un chaos duquel il est impossible de tirer pour un Tribunal des règles de conduite fixes et invariables ; excepté la désertion, presque rien n'a été prévu, et telle est son insuffisance pour certains cas, que la loi du 3 pluviôse an II (22 janvier 1794) prescrit d'appliquer aux militaires les dispositions des lois pénales civiles, lorsque les délits dont ils sont convaincus s'y trouvent classés. Votre institution même, Messieurs, prouve encore ce que nous venons d'avancer, votre composition et votre juridiction ne sont déterminées par aucune loi : cet auguste Tribunal, créé pour juger un Maréchal de France, n'a été formé par Son Excellence le Ministre de la guerre que par analogie à la loi du 4 fructidor an V (21 août 1797) ; et pour cette fois seulement. Son Excellence a pensé qu'un Maréchal de

France, supérieur par le rang qu'il occupe dans l'Etat et dans l'armée, à un Lieutenant-Général, étant traduit devant un conseil de guerre, ne pouvait être jugé que par des Officiers du grade le plus élevé, aussi l'a-t-il composé de *quatre Maréchaux de France* et de *trois Lieutenans-Généraux*; au lieu d'*un Colonel* qui, aux termes de la loi citée plus haut, doit être *Rapporteur* pour un Général en chef, on a chargé de ces fonctions un *Maréchal-de-Camp*; mais cela ne prouve-t-il pas plutôt le respect du Ministre pour la dignité de Maréchal, que l'exécution de la loi?

C'est encore une nouvelle question qu'il n'appartiendrait qu'aux jurisconsultes les plus éclairés de décider si l'on peut, sans prévarication, former un Tribunal par analogie, et si l'analogie emporte la compétence. Voici comment les auteurs qui ont écrit sur cette matière définissent l'analogie :

« L'analogie, dans la législation et la juridic-
« tion, semble autorisée par la douzième loi ro-
« maine ; mais les décisions des jurisconsultes à
« cet égard sont si incohérentes et si abstraites,
« qu'elles ressemblent à ces fausses lueurs qu'on
« aperçoit dans les ténèbres, et qui ne servent
« qu'à égarer.

« L'analogie conduit à l'erreur comme elle
« peut conduire à la vérité.

« Par analogie, on peut détruire le droit natu-
« rel et oublier la justice éternelle, parce qu'on la
« profana dans une occasion qui paraît semblable :
« il en est de même de l'analogie appliquée au
« droit des gens.

« Dans le droit privé, la plupart des questions
« n'étant pas décidées clairement et précisé-
« ment par les lois, on cite des exemples et
« des arrêts ; cette marche semble plus rapide et
« plus sûre, elle réussit souvent, et l'on confond
« ceux rendus sur des questions de droit avec ceux
« donnés sur un fait, comme si les espèces pou-
« vaient être également semblables.

« Que, dans le cours ordinaire de la vie,
« l'homme faible et trop occupé procède par une
« analogie presque toujours trompeuse, c'est l'er-
« reur particulière ; mais l'administration et la
« justice doivent s'élever au-dessus des faiblesses
« humaines : en tout et par-tout il faut juger d'a-
« près la loi écrite, et, à son défaut, d'après la loi
« naturelle. En tout et par-tout, le magistrat ne
« doit prononcer qu'après une analyse exacte de
« la loi et de l'espèce : sans ces deux appuis, il
« s'égare et ne fait pas justice. »

Si on pouvait admettre que l'analogie peut quelquefois suppléer à la loi écrite, on verrait qu'on a suivi, pour former le Conseil de guerre qui a été chargé de juger M. le Maréchal Ney, les principes consacrés par la loi sur la composition des Tribunaux militaires qui devaient juger les Généraux d'armée à l'époque où il n'existait point encore de Maréchaux, puisqu'aux termes de cette loi ils devaient être composés d'un Général ayant commandé en chef, de trois Généraux de division et de trois Généraux de brigade, un Colonel remplissant les fonctions de Rapporteur, et un Commissaire-Ordonnateur celles de Procureur du Roi.

Le Conseil de guerre nommé par Son Excellence M. le Maréchal Comte Gouvion-Saint-Cyr, Ministre Sécrétaire-d'Etat de la guerre, le 30 août dernier, pour juger M. le Maréchal Ney, n'est-il pas improprement qualifié de Conseil de guerre *permanent* de la première division militaire? La lettre de Son Excellence qui en nomme les membres, ne le désigne ni comme premier ni comme second Conseil de guerre permanent; et dans le Jugement qu'il est appelé à rendre, il faudra qu'en contravention aux dispositions de l'arrêté du 8 frimaire an VI (28 novembre 1797) qui détermine les formules des jugemens ou décisions des Conseils de guerre, il en adopte une nouvelle pour sa rédaction; car celle prescrite et en usage relate expressément ces mots : *Le premier (ou le second Conseil) de guerre créé en vertu de la loi du*, etc.

Si, comme le prétendent M. le Maréchal Ney

et ses défenseurs, il est fondé à réclamer la juridiction de la Chambre des Pairs, tout Jugement rendu contre lui par un Conseil de guerre ne pourrait-il pas, dans le cas où il serait soumis à la révision, être frappé de nullité, soit en raison de sa qualité de Pair et de Maréchal de France, soit à l'égard de la nature du délit dont il est accusé?

Les moyens qu'on peut faire valoir pour attaquer en révision la validité d'un Jugement rendu par un Conseil de guerre ou par tout autre Tribunal, reposent principalement sur le défaut de juridiction et sur les infractions faites à la loi. Celle du 18 vendémiaire an VI (9 octobre 1797) reconnaît cinq nullités principales résultant des cas ci-après :

1.° Lorsque le Conseil de guerre n'a pas été formé de la manière prescrite par la loi ;

2.° Lorsqu'il a outre-passé sa compétence, soit à l'égard des prévenus, soit à l'égard des délits dont la loi lui attribue la connaissance ;

3.° Lorsqu'il s'est déclaré incompétent pour juger un prévenu soumis à sa juridiction ;

4.° Lorsqu'une des formes prescrites par la loi n'a point été observée, soit dans l'information, soit dans l'instruction ;

5.° Enfin lorsque le Jugement n'est pas conforme à la loi dans l'application de la peine.

Les Conseils de révision, qui ne doivent point connaître du fond de l'affaire, sont tenus d'annuller tout Jugement atteint d'un des vices que nous venons d'indiquer ; or, puisque le Conseil de guerre devant lequel M. le Maréchal Ney est traduit, n'a été formé que par une décision ministérielle et par analogie, et non aux termes d'une loi existante, on peut présumer d'avance que cette infraction condamnée par la loi citée plus haut, sera pour le Conseil de révision un motif de nullité ?

La substitution d'un grade supérieur à celui déterminé par la loi, ou son remplacement par un grade inférieur, est un vice radical qui doit nécessairement fournir au Conseil de révision encore un moyen de nullité. Nous en trouvons la preuve dans un avis du conseil d'Etat, en date du 4 juillet 1813, relatif à deux Jugemens rendus en matière de désertion par un Conseil de guerre spécial qui avait pour Président un Capitaine au lieu d'un Officier supérieur ; cet avis, inséré au Bulletin des lois, est ainsi conçu :

« Considérant que le Conseil de guerre spécial « qui a rendu les Jugemens dont il s'agit, n'a pas « été légalement composé, puisqu'il a eu pour « Président un Capitaine au lieu d'un Officier « supérieur ;

« Que c'est un principe constant qu'il n'y a

« pas de plus grand défaut que le défaut de pou-
« voir, et que ce vice doit être reproché à tout
« Tribunal non régulièrement formé ;

« Que le droit de surveiller l'exécution des lois
« et de réprimer les infractions qui y sont faites,
« est inhérent à la souveraineté, et ne peut jamais
« cesser d'exister ; qu'ainsi, dans le cas où le
« Prince n'en a pas délégué l'exercice, il est cen-
« sé se l'être réservé à lui-même,

« Est d'avis,

« Que les deux Jugemens ci-dessus mention-
« nés doivent être considérés comme non-ave-
« nus, et qu'il y a lieu, de la part de Sa Majesté,
« d'ordonner à son Ministre de la guerre de faire
« assembler un Conseil de guerre spécial, con-
« formément à l'arrêté du 19 vendémiare an XII
« (12 octobre 1803), et d'y traduire les deux mi-
« litaires dont il s'agit ;

« Et que le présent avis soit inséré au Bulletin
« des lois. »

Ici, Messieurs, la similitude est frappante ; nous venons de vous montrer le Conseil de guerre devant lequel M. le Maréchal Ney est traduit, formé en vertu d'une décision ministérielle, et non d'après le vœu de la loi ; on a substitué dans ce Conseil des grades supérieurs à des grades inférieurs pour atteindre à la qualité du prévenu. L'avis du Conseil d'Etat, dont nous venons de vous donner lecture, offre l'exemple du contraire, c'est-à-dire, le remplacement par un grade inférieur du grade supérieur; il y a donc également pour vous irrégularité dans votre formation, et par conséquent défaut de pouvoir. Et si on a été fondé à considérer comme non-avenus deux jugemens rendus en matière de désertion pour des infractions faites à la loi dans la composition d'un Conseil de guerre spécial, comment ne pas craindre d'avance que le Jugement d'un Conseil de guerre chargé de juger un Maréchal de France, dont la composition n'est déterminée par aucune loi, ne soit aussi frappé de nullité par le Conseil de révision, s'il lui est soumis ?

Supposons maintenant que le Conseil de guerre devant lequel M. le Maréchal Ney est traduit se déclare compétent pour le juger, et qu'il intervienne un Jugement, quel sera le Conseil de révision qui pourra être chargé de le confirmer ou de l'improuver en cas d'appel? Sera-ce encore, et toujours d'après le même système, un Conseil de révision formé par analogie? Mais il n'existe pas dans l'armée de grade plus élevé que celui de Maréchal de France pour le composer. La loi sur les Conseils de guerre détermine bien leur composition pour les différens grades, mais elle ne dit rien sur la manière dont seront composés les Conseils de révision auxquels doivent être soumis les

Jugemens rendus contre des Officiers Généraux, et il semble qu'ils doivent toujours rester les mêmes dans toutes les circonstances.

Ne vous semblerait-il pas cependant bien inconvenant, Messieurs, qu'on fît réviser par un Tribunal composé d'un Maréchal-de-camp, d'un Colonel, de deux Chefs de bataillon et de deux Capitaines, un Jugement rendu par quatre Maréchaux de France et trois Lieutenans-Généraux?

On nous répondra peut-être que le Conseil de révision ne doit point connaître du fond de l'affaire, et qu'il n'est appelé à prononcer que sur les formes, cela est exact; mais il n'est pas moins vrai que ce Conseil composé d'Officiers inférieurs aura été chargé de confirmer ou d'annuller un Jugement rendu par quatre Maréchaux de France et trois Lieutenans-Généraux, ce qui est à la fois contraire et aux règles de la discipline militaire, et à celles de la législation qui ne confie jamais la révision des Jugemens qu'à des Tribunaux supérieurs.

Nous n'avons jusqu'à présent entretenu le Conseil que des raisons qui semblent motiver son incompétence, nous allons maintenant examiner et déduire des ordonnances du Roi des 6 mars, 24 juillet et 2 août derniers, tout ce qui peut établir sa compétence pour juger M. le Maréchal Ney.

Celle du 6 mars, qui a déclaré Napoléon Buonaparte traître et rebelle, pour s'être introduit à main armée dans le département du Var, et dont nous allons donner lecture; nous offre-t-elle les moyens d'appliquer ses dispositions à la circonstance présente ? Vous allez en juger.

« Louis, par la grace de Dieu, Roi de France et « de Navarre, à tous ceux qui ces présentes ver- « ront, salut :

« L'article 12 de la Charte constitutionelle « nous charge spécialement de faire les règle- « mens et ordonnances nécessaires pour la sûre- « té de l'Etat, elle serait essentiellement compro- « mise, si nous ne prenions pas des mesures « promptes pour réprimer l'entreprise qui vient « d'être formée sur un des points de notre « Royaume, et arrêter l'effet des complots et at- « tentats tendant à exciter la guerre civile et à dé- « truire le Gouvernement;

« A ces causes, et sur le rapport qui nous a « été fait par notre amé et féal Chevalier Chance- « lier de France, le sieur Dambray, Comman- « deur de nos Ordres,

« Sur l'avis de notre Conseil, nous avons or- « donné et ordonnons, déclaré et déclarons ce « qui suit :

« Art. I.er Napoléon Buonaparte est déclaré « traître et rebelle, pour s'être introduit à main « armée dans le département du Var. Il est en- « joint à tous les gouverneurs, commandans de

« la force armée, gardes nationales, autorités ci-
« viles, et même aux simples citoyens, de lui
« courir sus, de l'arrêter et de le traduire in-
« continent devant un Conseil de guerre qui,
« après avoir reconnu l'identité, provoquera
« contre lui l'application des peines prononcées
« par la loi.

« 2. Seront punis des mêmes peines, comme
« coupables des mêmes crimes, les militaires
« et employés de tout grade qui auraient accom-
« pagné ou suivi ledit Buonaparte dans son inva-
« sion du territoire français, à moins que, dans
« le délai de huit jours, à compter de la publica-
« tion de la présente Ordonnance, ils ne vien-
« nent faire leur soumission entre les mains de
« nos Gouverneurs, Commandans de division
« militaires, Généraux, ou administrations ci-
« viles.

« 3. Seront pareillement poursuivis et punis
« comme fauteurs et complices de rebellion et
« d'attentats tendant à changer la forme du Gou-
« vernement et à provoquer la guerre civile, tous
« administrateurs civils et militaires, chefs et em-
« ployés dans lesdites administrations, payeurs
« et receveurs de deniers publics, même les sim-
« ples citoyens, qui prêteraient directement ou
« indirectement aide et assistance à Buonaparte.

« 4. Seront punis des mêmes peines, confor-

« mément aux dispositions de l'article 102 du « code pénal, ceux qui, par des discours tenus « dans des lieux ou réunions publics, par des « placards affichés ou par des écrits imprimés, « auraient pris part ou engagé les citoyens à « prendre part à la révolte, ou à s'abstenir de la « repousser.

« 5. Notre Chancelier, nos Ministres-Secré- « taires d'État, et notre Directeur général de la « police, chacun en ce qui le concerne, sont « chargés de l'exécution de la présente Ordon- « nance qui sera insérée au Bulletin des lois, « adressée à tous les gouverneurs des divisions « militaires, généraux, commandans, préfets, « sous-préfets et maires de notre royaume, avec « ordre de la faire imprimer et afficher tant à Paris « qu'ailleurs, et par-tout où besoin sera.

« Donné aux Tuileries le 6 mars 1815, et de « notre règne le 22.e Signé Louis.

« Par le Roi, le Chancelier de France, signé Dambray. »

Le silence que garde l'ordonnance du 24 juillet sur l'application de celle que nous venons de lire, aux individus compris dans la première liste, n'autoriserait-il pas à penser qu'on a eu des des raisons de croire qu'elle ne pouvait suffisamment motiver leur renvoi pardevant les Conseils de guerre. Cependant l'article 3 de l'ordonnance du 6 mars paraît ne laisser aucun doute sur la compétence des Conseils de guerre ; car on y lit positivement ces mots : « *Seront pareillement* « *poursuivis et punis comme fauteurs et complices* « *de rebellion et d'attentats tendant à changer la* « *forme du Gouvernement et à provoquer la guerre* « *civile*, *tous administrateurs civils et militaires*, « *chefs et employés dans lesdites administrations*, « etc.

L'ordonnance du 24 juillet, qui ordonne la mise en jugement de dix-neuf individus, au nombre desquels se trouve M. le Maréchal Ney, et leur traduction pardevant les Conseils de guerre, ne préjuge rien, il est vrai, sur la compétence de ces Tribunaux militaires ; pourquoi ? C'est qu'en principe on n'est pas justiciable d'un Tribunal par la seule raison qu'on y est traduit, et nous en trouvons la preuve dans l'exception faite en faveur de M. De Lavallette qui, n'étant pas militaire, a été, par ordonnance spéciale, renvoyé devant les Tribunaux civils. Cependant la rédaction de l'ordonnance du 24 juillet ne peut être attaquée, car elle est en effet applicable à la presque totalité de ceux qui sont dénommés dans la première liste ; d'ailleurs, observez, Messieurs, que l'article 4 de cette ordonnance déroge expressément, pour ce cas, aux lois et formes constitutionnelles, ainsi qu'on le reconnaît dans la requête présentée au

Roi, et que les conseils de M. le Maréchal l'avouent eux-mêmes.

L'ordonnance du 2 août, qui charge spécialement le Conseil de guerre permanent de la première division militaire de connaître des crimes imputés aux militaires désignés dans celle du 24 juillet, nous confirme dans cette opinion ; bien que son considérant ne motive leur renvoi devant ce Tribunal que sur l'état de licenciement actuel de l'armée et la dissolution des états-majors, il n'en est pas moins vrai qu'on y retrouve toujours la même intention : le lieu seul du Tribunal est changé, la compétence reste la même.

Nous n'avons trouvé dans toutes nos recherches que l'article 3 de l'ordonnance du 6 mars, et la dérogation aux lois et formes constitutionnelles prononcée par l'article 4 de celle du 24 juillet, qui établissent la compétence d'un Conseil de guerre pour juger M. le Maréchal Ney. Encore est-ce une question pour nous de savoir si la volonté du législateur a été d'appliquer cette dérogation à la compétence du Conseil de guerre, ou seulement à la formation des listes et à la mise en jugement des prévenus.

Sans vouloir rien préjuger de la décision du Conseil de guerre sur la question de compétence qui lui est soumise, nous croyons avoir démontré :

1.° Que la juridiction de la Chambre des Pairs est un point de droit public presqu'aussi ancien que la monarchie, toujours reconnu par nos Rois et consacré de nouveau par l'article 34 de la Charte constitutionelle que nous devons à Sa Majesté ;

2.° Que M. le Maréchal Ney était Pair de France au moment où il a commis le délit pour lequel il est mis en jugement ;

3.° Qu'un prévenu doit toujours être jugé dans le grade ou suivant la qualité qu'il avait au moment où il a commis le délit pour lequel il est recherché ;

4.° Que les Maréchaux de France ne reconnurent jamais que le Parlement de Paris pour leurs juges naturels ;

5.° Qu'en les assimilant aux Généraux d'armée pour leur appliquer les dispositions de la loi du 4 fructidor an V (21 août 1797), on a été obligé de former par analogie un Tribunal militaire dont l'existence n'est déterminée par aucune loi ;

6.° Que le formulaire prescrit pour les jugemens et décisions des Conseils de guerre ne pourrait être suivi dans la rédaction de celui à intervenir dans l'affaire de M. le Maréchal Ney ;

7.° Que, dans le cas où ce jugement devrait être soumis à révision, il n'existe point dans l'armée des Officiers d'un grade plus élevé que celui de Maréchal de France pour former un Tribunal supérieur ;

8.° Qu'il n'y a que l'article 3 de l'ordonnance du 6 mars, et la dérogation aux lois et formes constitutionnelles prononcée par l'article 4 de celle du 24 juillet, qui établissent la compétence d'un Conseil de guerre pour juger M. le Maréchal Ney ;

9.° Enfin, qu'en se renfermant dans les bornes constitutionnelles, qu'en exécutant à la lettre les articles 33, 34, 62 et 63 de la Charte, tout est prévu, la loi fixe la règle de conduite à suivre dans cette circonstance.

Le Conseil n'attend pas de nous sans doute des conclusions sur la question de compétence que nous venons de traiter ; quand les hommes d'Etat les plus éclairés et les plus célèbres jurisconsultes varient d'opinions à ce sujet, ce n'est point à un militaire peu versé dans la connaissance du droit, et qui a passé la plus grande partie de sa vie dans le tumulte des camps, à émettre une opinion qui pourrait entraîner la décision du Tribunal. Pour oser donner des conclusions sur une pareille question, il faudrait avoir acquis, par des études approfondies sur cette matière, le droit d'être cru sur parole, ou faire autorité dans le Barreau. Les faits historiques et les citations que nous avons rapportés prouveront que nous avons cherché de bonne foi à répandre sur la discussion les lumières qui peuvent servir à éclairer la religion du Conseil.

Nous espérons qu'on nous rendra cette justice, que nous avons cherché à concilier ce que nous devions à la dignité du Tribunal devant lequel nous parlons, et aux pénibles et solemnelles fonctions qui nous ont été imposées, avec ce que nous devons à l'accusé et à nous-mêmes. Il ne nous reste plus qu'à nous en rapporter aux lumières et à l'impartialité des membres du Conseil chargé de juger une question de droit qui n'a point d'exemple dans les fastes de notre histoire.

Paris, le 10 *novembre* 1815.

Le Maréchal-de-Camp Rapporteur,

COMTE **GRUNDLER**.

GOBELET, IMPRIMEUR DU ROI, A TROYES.

www.ingramcontent.com/pod-product-compliance
Lightning Source LLC
LaVergne TN
LVHW020257230826
846091LV00006B/2454

* 9 7 8 2 0 1 1 7 7 7 1 0 2 *